BEI GRIN MACHT SICH IHR
WISSEN BEZAHLT

Bahriye Öztürk, Irina Gaikalova, Irina Schellenberg

Peergruppen in der Schule

Peer-gerechte Schule! Aber wie?

GRIN Verlag

Bibliografische Information der Deutschen Nationalbibliothek:

Die Deutsche Bibliothek verzeichnet diese Publikation in der Deutschen National-
bibliografie; detaillierte bibliografische Daten sind im Internet über http://dnb.d-
nb.de/ abrufbar.

Impressum:

Copyright © 2014 GRIN Verlag GmbH
Druck und Bindung: Books on Demand GmbH, Norderstedt Germany
ISBN: 978-3-656-85103-5

Dieses Buch bei GRIN:

http://www.grin.com/de/e-book/285202/peergruppen-in-der-schule

GRIN - Your knowledge has value

Der GRIN Verlag publiziert seit 1998 wissenschaftliche Arbeiten von Studenten, Hochschullehrern und anderen Akademikern als eBook und gedrucktes Buch. Die Verlagswebsite www.grin.com ist die ideale Plattform zur Veröffentlichung von Hausarbeiten, Abschlussarbeiten, wissenschaftlichen Aufsätzen, Dissertationen und Fachbüchern.

Besuchen Sie uns im Internet:

http://www.grin.com/

http://www.facebook.com/grincom

http://www.twitter.com/grin_com

Hochschule Hannover

Fakultät V – Abteilung Soziale Arbeit

WiSe 2014/15

Eine Ausarbeitung zum Thema:

PEER-GERECHTE SCHULE!

ABER WIE?

Modul 10: Handlungskonzepte und Methoden Sozialer Arbeit II

Vorgelegt von: Irina Schellenberg, Irina Gaikalova, Bahriye Öztürk.

Studiengang: BA Soziale Arbeit

Prüfer: Erich Hollenstein

Absendedatum: 14.11.201

Gliederung

Einleitung

In der vorliegenden schriftlichen Ausarbeitung der Präsentation wird die Schule als peergerechter Lebensraum für die Schüler und die Schülerinnen betrachtet. Im Rahmen dieser Arbeit haben wir versucht, die folgenden Fragen zu beantworten, bzw. die Palette der Meinungen der Forscher/-innen vorzustellen: Welche Aufgabe hat die Schule hinsichtlich der peeregerechten Problematik? Wie kann Schule den peeregerechten Alltag gestalten und welche Rolle spielt dabei die Schulsozialarbeit?

Zuerst möchten wir uns ans die Definition von Peergroup, sowie die Ergebnisse der Shell Studie zuwenden. Daraufhin folgt die Darstellung von Entwicklung der Kinder in der Adoleszenzphase, die auf den Ergebnissen von Kindheits- und Sozialisationsforschungen beruhen, welche aufgezeigt haben, dass die Beziehungen zwischen Gleichaltrigen eine große Auswirkung auf die kindliche Entwicklung haben.

Die Frage wie eine Peergruppe entsteht und welche Funktionen sie nach psychologischer und sozialpädagogischer Sicht hat, wird als nächstes beantwortet.

Im weiteren Verlauf wird die Ganztagschule als konzeptionelle Antwort zur Gestaltung des peergerechten Lebensraums für die Kinder, sowie die Aufgabe der Sozialen Arbeit in diesem Prozess vorgestellt.

Zum Schluss wird die Bedeutung der Peerkultur für die Schule betrachtet.
Der Abschluss erfasst die wichtigen Aspekte der Ausarbeitung und eine zusammenfassende Beantwortung der Fragestellung.

1. Peergroup

1.1 Definition

Mit dem Begriff Peergroup bezeichnet man eine Gruppe von gleichaltrigen Jugendlichen. Die Forschungsarbeiten der Soziologie, Sozialpsychologie und Psychologie zur Peer Group basieren darauf, dass Jugendliche ein sehr starkes Interesse an Gruppen von Gleichaltrigen haben. Einige Forscher schätzen den Einfluss der Gruppe von Gleichaltrigen für Jugendliche größer ein als die Beeinflussung durch die Eltern. Aus der Sicht der Entwicklungspsychologie leitet die Zugehörigkeit zu einer Peer Group den

Ablösungsprozess vom Elternhaus ein. Die Ablösung geht jedoch oftmals mit einer Übernahme von gruppenspezifischen Normen und Regeln der Peer Group einher, die subkulturelle Eigenschaften aufweisen. Die psychoanalytische Sicht ergänzt, dass die Peer Group für die Entwicklung der Ich-Identität bei Jugendlichen sehr wesentlich ist. Nach dem aktuellen Kenntnisstand orientieren sich die meisten Jugendlichen an ihren Eltern und an ihrer Peer Group. Der elterliche Einfluss dominiert zum Beispiel in den Lebensbereichen Religion, Zukunftsplanung, Schule und Berufsausbildung. Die Peer Group ist für die Auseinandersetzung mit dem eigenen Lebensstil, Musikvorlieben, Mode und Freizeitgestaltung wichtig (vgl. Peer Group, o.J.).

Für Sozialarbeiter und Sozialpädagogen ist die Kenntnis von der Existenz und dem Einfluss der Peer Group in vielen Fällen der Jugendarbeit von Bedeutung. Von dort können aktuelle Problemlagen der Klienten ausgehen; sie kann aber auch zur Lösung aktueller Schwierigkeiten einen wesentlichen Beitrag leisten (Peer Group, o.J.).

1.2 16. Shell Jugendstudie

Die Grundlagen der 16. Shell Jugendstudie sind eine quantitative deutschlandweite Befragung von 2.604 Jugendlichen im Alter von 12 bis 25 Jahren und 20 vertiefende qualitative Interviews. Durchgeführt wurde die Feldarbeit von Januar bis März 2010. Veröffentlicht wurde die 16. Shell Jugendstudie in Buchform im September 2010 und gibt auf rund 400 Seiten mit den Ergebnissen beider Studienteilen der Jugend ein . Gesicht (vgl. Kammerer 2012, S. 25).

Die letzte Shell Jugendstudie (2006 und 2010) fokussierte thematisch Peer- bzw. Freundschaftsgruppen und Cliquen und lieferte umfangreiches Material zur Befragung der jungen Menschen vor. Demnach sind Freundschaften im Sinne mikrosozialer Netzwerke in beiden Studien mit der höchsten Wertschätzung seitens der Jugendlichen versehen. Anerkennung und Akzeptanz durch Freunde und Freundinnen sowie Hilfe und Unterstützung bei Schwierigkeiten und Problemen durch Freunde stehen jeweils auf dem ersten Rangplatz.

71% der Befragten geben eine Mitgliedschaft in Cliquen an und zeigen damit das Bedürfnis nach Zugehörigkeit. Bei Deutschen mit Migrationshintergrund steigt diese

Prozentzahl sogar auf 74 und bei Jugendlichen mit keinem deutschen Pass sinkt diese Prozentzahl auf 61. Auffallend ist aber auch, dass diese Gruppen bzw. soziale Netzwerke sich ins digitale Netz verlagern. So gibt die 16. Shell Jugendstudie folgende Auskünfte: Die Gruppe der Digitalen Netzwerker (sehr aktive Nutzer) umfasst 24% der Jugendlichen ohne gravierende Schichtunterschiede. Ebenfalls die Gruppe der Multi-User 34% nutzt die digitalen Netzwerke, im Gegensatz zu 25% der Gamer und 17% der Funktions- User (u.a. Informationen suchen, Einkaufen im Netz). Laut Kutscher sind 88% der Jugendlichen inzwischen Mitglieder in virtuellen sozialen Netzen (vgl. Hollenstein/Nieslony 2013, S. 2).

Die folgende Grafik unterteilt diese Aussagen genauer.

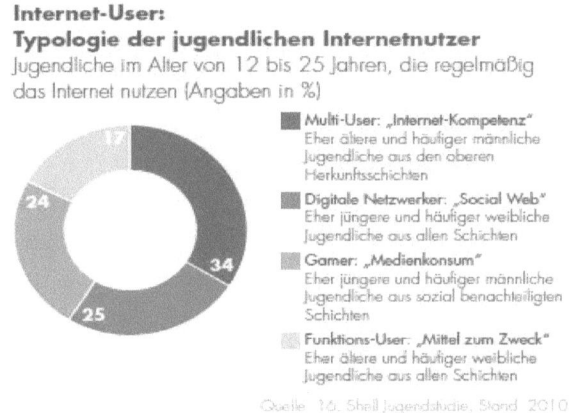

Die Kenntnis darüber, dass die Jugendlichen viel und gerne in virtuellen sozialen Netzen agieren, ist für die SchulsozialarbeiterInnen von großer Bedeutung. Denn so kann die Schule durch entsprechende Angebote und eventuelle Projekte das Interesse der Jugendlichen unterstützen und gleichzeitig die Beziehungen sowie den Zusammenhalt der Schüler untereinander fördern, um eine gute Peerkultur zu schaffen.

2. Peerbeziehungen in der Adoleszenz

Soziale Beziehungen unter Gleichaltrigen und die Entwicklung in der Adoleszenz stehen in engem Zusammenhang, denn „es gibt keine isolierten Individuen. Es gibt nur Beziehungen"(Piaget, Fatke und Kober 1983, S. 425). Als Grundlage für den

4

Erwerb sozialer und emotionaler Kompetenzen dienen die Beziehungen zu Gleichaltrigen, welcher vor dem Hintergrund des gesellschaftlichen Wandels hin zu einer Dienstleistungsgesellschaft eine immer größer werdende Rolle spielen. Ein kompetenter Umgang mit anderen ist nicht nur in Familie und Freizeit von Bedeutung, sondern auch immer häufiger die Voraussetzung für den Übergang ins Berufsleben sowie den beruflichen Erfolg (vgl. Schmalfeld 2013, S. 11).

Daher werden in den nächsten Abschnitten die Entwicklungsaufgaben der Adoleszenzphase genauer beschrieben sowie der Terminus Jugend Definiert.

2.1 Entwicklung in der Adoleszenz

Laut Piaget verändern sich die Kinder beim Übergang zur Adoleszenz. Mit dem Beginn der Pubertät (*Pubertät: Der Jugendliche befindet sich im Stadion der Geschlechtsreife zwischen dem 11 und 16 Lebensjahr (Online Lexikon für Psychologie und Pädagogik, o.J.).* setzen körperliche Umgestaltungen ein, aber auch der kognitive Übergang findet etwa zur gleichen Zeit statt. Die mit den Übergängen einhergehenden Wandlungsprozesse können zu Verunsicherungen bei den Jugendlichen führen. Der Beginn dieser neuen Lebensphase bietet aber auch neue Möglichkeiten und stellt die Jugendlichen vor Herausforderungen. Solche Anreize sind Entwicklungsaufgaben. In der Definition von Havighurst von 1948, welche bis heute nicht an Bedeutung verloren hat, wie die Erwähnung in vielzähligen aktuellen entwicklungspsychologischen Veröffentlichungen beweisen ist eine Entwicklungsaufgabe

„ a task which arises at or about a certain period in the life of the individual, successful achievement of which leads to his happiness and to success with later tasks, while failure leads to unhappiness in the individual, disapproval by the society and difficulty with later tasks"(Schmalfeld 2013, S. 11-12).

Art und Zeitpunkt des Eintretens der Entwicklungsaufgaben ist durch psychische Reifung wie z.B. Pubertät und den gesellschaftlichen Druck an Menschen eines bestimmten Alters bedingt. Außerdem spielen individuelle Sehnsüchte und Ziele eine Rolle. Die drei Bereiche werden von Havighurst als Quellen von Entwicklungsaufgaben bezeichnet. Jugendliche in einer besonderen Altersgruppe haben ganz spezifische Entwicklungsaufgaben zu lösen (vgl. Schmalfeld 2013, S. 12).

Also soll hier die Frage gestellt werden, welche Personengruppe im Mittelpunkt dieser Untersuchung steht, wer sind die 12 bis 14 Jährigen? Als nächstes folgt die Definition der Begriffe Jugend und Adoleszenz.

2.2 Jugend und Adoleszenz

Der Lebensabschnitt der jungen Menschen im Übergang zum Erwachsenenalter wurde von Grob und Jaschinski im Jahr 2003 wie folgt definiert:

Der Begriff „Jugend und Adoleszenz (lat. adolescere: heranwachsen)" werden für den Lebensabschnitt zwischen dem Ende der Kindheit und dem Beginn des Erwachsenenstatus verwendet, also etwa für das Alter von 10-20 Jahren (Schmalfeld 2013, S. 12).

Flammer und Alsaker (Entwicklungspsychologen) unterscheiden die einzelnen Phasen der Adoleszenz genauer:

So werden feinere Unterscheidungen innerhalb der Adoleszenzstufen durch frühe, mittlere und späte Adoleszenz gekennzeichnet.

- Die frühe Adoleszenz (ca. das 10 bis 13 Lebensjahr) ist besonders durch die Pubertät gekennzeichnet.
- Die mittlere Adoleszenz (ca. das 14 bis 16 Lebensjahr) ist am deutlichsten durch das geläufige adoleszente Erscheinungsbild (jugendlicher Lebensstil, Kleider, Frisur) gekennzeichnet.
- Die späte Adoleszenz (ca. das 17 bis 20 Lebensjahr) zeigt Übergangsphänomene zum Erwachsenenstatus z.B. Berufsorientierung, erste Freundschaften mit Perspektiven auf Lebenspartnerschaft, erste Übernahme von ökonomischer Verantwortung (vgl. Schmalfeld 2013, S. 12).

Sicher ist jedoch, dass die Entwicklung in der Adoleszenz individuell und zu verschiedenen Zeiten stattfindet. So ergeben sich aus der Quelle von Entwicklungsaufgaben in der Adoleszenz ganz spezielle Entwicklungsaufgaben für die AdoleszentInnen, welche nun genauer erläutert werden.

2.3 Entwicklungsaufgaben der Adoleszenz

Nach Havighurst sind Entwicklungsaufgaben als Herausforderungen oder Lernaufgaben zu verstehen, welche die gesamte Lebensspanne umfassen.

Folgende Entwicklungsaufgaben hat er für die Phase der Adoleszenz formuliert:

- Entwicklung neuer und reiferer Beziehungen mit den Gleichaltrigen beider Geschlechter,
- Erwerb einer maskulinen oder femininen sozialen Rolle,
- Seinen eigenen Körper akzeptieren und wirksam einsetzen,
- Erreichung emotionaler Unabhängigkeit von Eltern und anderen Erwachsenen,
- Erwerb ökonomischer Unabhängigkeit,
- Berufswahl und Berufsausbildung,
- Vorbereitung auf Heirat und Familie,
- Erwerb von Begriffen und intellektuellen Fähigkeiten zur Ausübung der bürgerlichen Pflichten und Rechte,
- Anstreben und Entfaltung sozialverantwortlichen Verhaltens,
- Aneignung von Werten und einem ethischen System als Leitlinie eigenen Verhaltens (Schmalfeld 2013, S. 13-14).

Diese Entwicklungsaufgaben gelten für alle Phasen der Adoleszenz von der frühen bis zur späten Phase. Dreher und Dreher haben die erste Entwicklungsaufgabe folgendermaßen unbenannt **„Peer"**. Den Aufbau eines neuen Freundschaftskreises d.h. neue und tiefere Beziehungen zu Altersgenossen beider Geschlechtsgruppen herstellen (vgl. Schmalfeld 2013, S. 14).

3. Warum entsteht eine Peergruppe?

3.1 Phänomen Freundschaft

Mit dem Thema „Freundschaft" beschäftigten sich Philosophen wie Sokrates schon im Altertum. Aber in vielen anderen Bereichen wird Freundschaft auch thematisiert. Das zeigen viele Qualifizierungsarbeiten. Verschiedene Printmedien schreiben über dieses Thema: z. B. das Themenheft „Wissen" der „Zeit" erschienen mit dem Titel „Geheimnis der Freundschaft". GEOlino stellte zusammen mit UNICEF Ergebnisse aus dem Kinder- Werte-Monitor vor. Bei dieser Untersuchung beantworteten 75 % der 6- bis 14-Jährigen die Frage: „Wie wichtig ist dir Freundschaft?" mit „total wichtig". (GEO, 2010). Auch in der KIM-Studie (Kinder + Medien, Computer + Internet) stehen die Treffen mit Freunden bzw. Freundinnen ganz oben bei den favorisierten Freizeitinteressen von Kindern und Jugendlichen (Medienpädagogischer Forschungsverbund Südwest, 2010). Diese Beispiele sind Ausdruck des fortwährenden Interesses an Freundschaft. (vgl. Schmalfeld, S.9)

3.2 Intimität und Freundschaft, soziale Unterstützung, Konfliktlösefähigkeit

Im Übergang zur Adoleszenz hat die erste Entwicklungsaufgabe (der Aufbau eines Freundeskreises und die Intensivierung der Beziehungen) bei Jungen und Mädchen, besondere Priorität. (Dreher und Dreher, 1985). Eine Untersuchung von Youniss und Smollar (1985) zeigte, dass 6o % der befragten Mädchen eine „intime" Freundschaft führten, bei den Jungen waren es 45 % (ebd.). Was bedeutet Freundschaft für junge Menschen, was beinhaltet sie? Freunde und Freundinnen helfen sich gegenseitig, und dies zeigt sich in unterschiedlichen Formen. In intensiven Freundschaften findet sehr häufig soziale Unterstützung statt, die von Multiplexität geprägt ist. D. h. die Hilfen werden in vielen Kontexten gegeben und genommen (Kanevski, Salisch, 2011). Laut Badura (1981) gelten als soziale Unterstützung „Fremdhilfen, die dem Einzelnen durch Beziehungen und Kontakte mit seiner sozialen Umwelt zugänglich sind und die dazu beitragen, dass die Gesundheit erhalten bzw. Krankheit vermieden, psychische oder somatische Belastungen ohne Schaden für die Gesundheit überstanden und die Folgen von Krankheit bewältigt werden" (S.157)" (vgl. Schmalfeld, S. 21-25).

Soziale Unterstützung beinhaltet drei Formen:

- emotionale Unterstützung, die durch Wertschätzung und Akzeptanz durch den anderen erfahren wird. Nach House (1981) beinhaltet diese Form der Unterstützung in intimen Beziehungen Empathie, Liebe und Vertrauen,

- informative Unterstützung, die zum einen durch helfende Ratschläge gegeben wird und außerdem Rückmeldung zur eigenen Person sowie Bestätigung beinhaltet,

- instrumentelle Unterstützung, die sich in materiellen Hilfen zeigt.
  Die Konfliktlösefähigkeit ist als ein Indiz für enge Freundschaften unter Jugendlichen anzusehen (vgl. ebd., S.25).

Zusammenfassend kann man feststellen, dass die Beziehungen in etwa Gleichaltrigen folgende Möglichkeiten bieten: die Förderung sozialer Kompetenzen,

Gespräche und soziale Verstärkung. Auch finden sich Hinweise auf das Lernen produktiver Aushandlungsprozesse in Peergroups (vgl. ebd., S.20).

3.3 Funktionen von Peergroups

Die Peergroups haben folgende Funktionen:

Psychische Funktionen:

- Identitätsfindung (als zentrales Problem des Jugendalters): bietet Identifikations- und Selbstdarstellungsmöglichkeiten (vgl. Oerter & Montada 1995),
- Zugehörigkeitsgefühl zu Gruppe(n),
- Orientierung, Stabilisierung und Sicherheit (in Verhalten und Status)
- Kompensierung von Einsamkeitsgefühlen,
- Entwicklung eines realistischen Selbstbildes durch Reflexion (vgl. Savin-Williams, 1987) (vgl. Stangl W., 2007)

Soziale Funktionen:

- Peerkontakte (Hauptcharakteristikum des Jugendalters),
- Unterstützungsfunktion der Freundschaft (v.a. auch in Belastungssituationen) soziale Geborgenheit,
- Möglichkeit zum Experimentieren mit neuen Rollen und neuen sozialen Verhaltensweisen – v.a. bezogen auf Autorität, Hierarchie, Geschlechterrollen,
- Kontaktaufnahme mit dem anderen Geschlecht,
- Rückhalt bei der Ablösung vom Elternhaus (Wirkung durch die Mehrheit: „Alle anderen dürfen auch!"),
- Einüben von neuen Formen der Autorität bzw. Hierarchie,
- Auseinandersetzung mit den herkömmlichen Strukturen der Gesellschaft und Infragestellen von Autoritäten (vgl. ebd.).

3.4 Kommunikation innerhalb der Peergroup

- Verbale Kommunikation: Die Gruppe entwickelt einen eigenen Jargon (Sprachstil): kurz, knapp und prägnant, manchmal sogar radikal vereinfachend
- Abgrenzung zum Sprachstil der Erwachsenen fördert das Zusammengehörigkeitsgefühl

- Non-verbale Kommunikation: Im Mittelpunkt der Gruppenaktivitäten stehen integrale Objekte (z.B. Sport, Musik, Computer,...). Darüber hinaus entwickelt die Gruppe – passend zum Gruppen-„Thema" – sogenannte homologe Objekte (Kleidung, Frisur). (vgl. ebd.)

3.5 Problematische soziale Kontakte

Neben den positiven Einflüssen der Gleichaltrigengruppe gibt es allerdings auch problematische soziale Kontakte. Nach wissenschaftlichen Angaben sind 5-10% der Schüler Opfer eines zu hohen Gruppendrucks. Diese Schüler werden aus dem Klassenverband ausgeschlossen. Es handelt sich um eine indirekte Form des „Mobbings". Dadurch haben die Opfer keinen Zugang zu den positiven Funktionen der Peer-Beziehungen. Diese Jugendlichen befinden sich meist in der Defensive und haben kaum eine wirkliche Chance gegen die Übermacht der Aggressoren. Mangelndes Selbstwertgefühl und Depressionen können die Folge der negativen Einflüsse sein (vgl. Flammer, A. u. Alsaker, F. 2002, S. 198).

4.1. Peergerechte Ganztagsschule

In den letzten Jahren hat sich die Dauer des Schultages für Kinder und Jugendliche verlängert. Darunter zählen auch Gymnasien und Halbtagsschulen. Seit der Umstellung der Gymnasien auf G8, sind diese Jugendliche in der Pflicht 36 Wochenstunden die Schule zu besuchen (KMK, 2011). Laut Kultusministerkonferenz (2011) gibt es Halbtagsschulen nur in geringem Maße, zwar in Haupt- und Realschulen, sowie in Ober-, Regional- oder Stadtteilschulen. In einer PIN-Studie laut Kanevski & Salisch (2011) wurde in Untersuchungen festgestellt, dass Halbtagschüler/innen zeitlich genauso beansprucht werden wie die Ganztagsschuljugendlichen (vgl. Schmalfeld 2012, S. 32).

Eine bestimmte Definition der Ganztagsschule ist schwer zu beschreiben, denn der Sprachgebrauch auf den Begriff „Ganztagsschule" ist wenig einheitlich. Radisch und Klieme (2003) verwendeten mehrere Namen für ganztägige Schulformen in Deutschland, wie *„Ganztagsschule, Tagesschule, Tagesheimschule, Tagesschulheim, Schule mit Tagesheim, offene Schule, erweiterte Schule usw"*

(Schmalfeld 2012, S.36). Also gibt es keine Ganztagsschule. Die Kultusministerkonferenz definiert Ganztagsschulen wie folgt:

- *„Ganztagsschulen sind (…) Schulen, bei denen im Primar- und Sekundarbereich*
- *an mindestens drei Tagen in der Woche ein ganztägiges Angebot für die Schülerinnen und Schüler bereitgestellt wird, das täglich mindestens sieben Zeitstunden umfasst,*
- *an allen Tagen des Ganztagsschulbetriebs den teilnehmenden Schülerinnen und Schülern ein Mittagessen bereitgestellt wird,*
- *die Ganztagsangebote unter der Aufsicht und Verantwortung der Schulleitung organisiert und in enger Kooperation mit der Schulleitung durchgeführt werden sowie in einem konzeptionellen Zusammenhang mit dem Unterricht stehen"*
(Schmalfeld 2012, S. 36)

4.1.1 Rhythmisierung der Ganztagsschule

Laut Prüß (2009) zeigt sich eine Rhythmisierung, wenn *„Unterricht und außerunterrichtliche Angebote nicht als Blöcke am Vormittag und am Nachmittag ablaufen müssen, sondern verzahnt, kombiniert bzw. im Wechsel gestaltet werden können, d.h. unterrichtliche und außerunterrichtliche Bildungsprozesse vernetzt und damit auch aufeinander bezogen gestaltet werden können"* (Schmalfeld 2012, S. 39).

Der Begriff *rhythmus* stammt aus dem Griechischen und bedeutet fließen, strömen sowie die Bewegung der Meereswellen. Dieses Auf und Ab ist mit der Rhythmisierung in Ganztagsschulen gleichzustellen, welches in einem Wechsel von Anspannung und Entspannung vorkommt. Nach Appel (2009) lässt sich die Rhythmisierung folgendermaßen definieren: *„Unter ‚Rhythmisierung` versteht man (…) einen wohl proportionierten Klangteppich des modifizierten Arrangements, auf dem das schulische Leben mit allen Vorhaben im unterrichtlichen wie außerunterrichtlichen Bereich harmonisch abläuft"* (Schmalfeld 2012, S. 39).

Bei der Rhythmisierung des Schultages sind die Wünsche der Kinder und Jugendlichen in Betracht zu nehmen. Der Biorhythmus ist in jedem Alter von Bedeutung, daher sind die Grundbedürfnisse wie Essen und Trinken als das Wichtigste zu betrachten. Wichtig ist aber auch den altersentsprechenden Tätigkeitsdrang zu berücksichtigen. Nach der Frage, ob es genug Möglichkeiten gibt, sich auszuruhen und zu entspannen, bedarf es einer Planung, welches sich der jeweiligen Altersgruppen anpassen lässt. Appel behauptet, dass die zeitliche Gestaltung für alle Schulen nicht gleich sein sollte, sondern jede Schule muss ihre geeignete Struktur finden. Holtappels (1994) in Anlehnung an Meyer schlägt hierfür folgendes vor: *"gleitender Schulanfang mit Stillbeschäftigung und Partnerarbeit"*, danach *"längere Unterrichtsblöcke (z.b. von 90 Minuten) mit unterschiedlichen, die Motivation und Lernfreunde erhaltenden Tätigkeiten"* unterbrochen *"von einer kürzeren Pause, einer längeren Bewegungs- und Entspannungspause sowie einer Mittags-Freizeit mit Essen, Ruhe und Bewegung"* (Schmalfeld 2012, S. 39)

Jedoch ist die zeitliche Planung der Schule nicht leicht umzusetzen. Ein größtes Problem stellt die Räumlichkeit der Mensa dar. In vielen Schulen müsste die Mensa mehrmals über den Tag in Betrieb sein, da der Umfang der Küche nicht auf die Anzahl der Schüler/innen aufgebaut ist, die ein Essen beziehen. Nach Appel 2009 muss in dieser Situation die Rhythmisierung der Schule an den Rhythmus der Küche angepasst werden (vgl. Schmalfeld 2012, S. 39-40).

4.2 Merkmale einer peergerechten Schule

Im Gegensatz zu den Schülern der Ganztagsschule wünschen sich Halbtagsschüler vermehrt soziale Kontakte. In der Ganztagsschule ist eindeutig zu erkennen, dass der Bedarf nach längeren Pausen und nach mehr Freiheiten, daraufhin auch nach geringer Beaufsichtigung besteht. Eigenschaften einer peergerechten Schule sind u.a.: *"Fördernde Gelegenheiten im Unterricht realisieren (z.B. Projektarbeit, Teamarbeit); außerunterrichtliche Arbeitsgemeinschaften, Klassenfahrten, Projekttage; Raumvielfalt (Entspannung und Ruhe, Tischtennis, Cafeteria, Schulhof); Entwicklung eines Ganztagsschulkonzeptes; ein gutes Schulklima und Verhinderung von körperlicher und seelischer Gewalt"* (Hollenstein, Nieslony, 2013, S. 5-6).

4.2.1 Peergerechte Gelegenheiten im Unterricht

Die größte Zeit verbringen die Kinder in der Schule im Unterricht. Daher ist es wichtig peergerechte Möglichkeiten zu verschaffen, auch wenn diese in außerunterrichtlichen Angeboten und Pausen besser umzusetzen sind, weil hier eine geringe Beaufsichtigung stattfindet. Nach Breidenstein (2006) können Projekt, Team- und Gruppen- sowie auch Einzelarbeit unter den Sitzpartner/innen einen kommunikativen Austausch fördern. Krappmann und Oswald (1995) verdeutlichen, dass auch im Unterricht Gelegenheiten für soziale Mithilfe in den Gleichaltrigenbeziehungen der Schüler/innen bestehen. Lehr- und Lernformen , die attraktiv gefordert werden, bilden laut Klieme, Lipowsky & Rakoczy, 2066 wichtige Komponente bei der Gestaltung des Unterrichts in einer peergerechten Schule. Darunter ist auch eine Veränderung des Rollenbildes der Lehrkraft zu erkennen, welches nicht nur frontal unterrichtet, sondern auch als Moderator auftritt und die Bedürfnisse der Jugendlichen aufnimmt, wie z.b. Berücksichtigung der Sitzordnung. Besonders im Sportunterricht haben die Jugendlichen Möglichkeiten für eine peergerechte Gestaltung, durch Mannschafts- und Teamspiele (vgl. Schmalfeld 2012, S. 162).

4.2.2 Peergerechte Gelegenheiten außerhalb des Unterrichts

In außerunterrichtlichen Angeboten wie Arbeitsgemeinschaften, Klassenfahrten oder bei Projekttagen können Jugendliche die Möglichkeit bekommen mit Peers in Kontakt zu treten, Freundschaften zu bilden, diese aufrechtzuhalten und zu stärken. Enderlein und Krappmann (2006) weisen auf wichtige Komponenten für eine kinder- und jugendgerechte Schule, wie z.b. eine Fußball-AG, oder kulturelle Angebote wie Tanzen und Theaterspiel.

Durch die einhergehenden körperlichen Bedürfnisse der Frühadoleszent/innen ergeben sich Nachfragen an speziellen Angeboten, wie z.b. getrennte Sportarbeitsgemeinschaften.

Gerade wenig durchorganisierte Freiräume, welches selbstverantwortlich geführte außerunterrichtliche Angebote darstellen, bieten Raum für soziales Miteinander unter Peers zu üben. Nach Korte, 1987; Krappmann & Oswald, 1995 gehören auch hierzu das Können zur Übernahme von Verantwortung, der Umgang mit Problemsituationen durch Aushandlungen unter Peers sowie die Entwicklung geteilter Konventionen.

Positive Ergebnisse von außerunterrichtlichen Angeboten können nur dann entstehen, wenn die Jugendlichen auch daran teilnehmen. Eine Vermehrung der Teilnahme hängt ab von einer höheren Attraktivität, ein reichhaltigeren Angebot, eine höhere Qualität sowie einen starken Lebensweltbezug (Stecher et al., 2009), welche oft mit der Handlung von Experten und Expertinnen für außerunterrichtlichen Angebote in Verbindung steht. Sehr wichtig ist auch die Berücksichtigung der Wünsche von Schüler/innen bei dem Aufbau des Angebots, um die Respektierung der Angebote zu steigern.

Den Pausen, welche zwischen dem Unterricht und den außerunterrichtlichen Angeboten stehen, wollen sich die Jugendlichen nicht entgehen lassen. Ausgerechnet muss die Mittagspause lang genug sein, damit die Jugendlichen genug Zeit für die Einnahme des Mittagessens und Entspannung haben, welche eine Komponente der Rhythmisierung in der Ganztagsschule darstellt (vgl. Schmalfeld 2012, S. 162-163).

4.2.3 Peergerechte Freizeiträume

Viele Freizeiträume in den Schulen werden von den Jugendlichen abgelehnt, da sie sich von dem pädagogischen Team beobachtet fühlen. Unbeaufsichtigte Raumaufenthalte sind für die psychologische Entwicklung der Jugendlichen bedeutsam, da sie die Möglichkeiten haben bestimmte Entwicklungsaufgaben zu bewältigen wie das Aufbauen von Identität, die Abgrenzung von Erwachsenen und der Bedarf an unbeaufsichtigte Aushandlungsprozesse (Youniss, 1982 z.n. Schmalfeld 2012, S. 164). In unbeaufsichtigten Räumen können die Jugendlichen ihr Sozialverhalten sowie die Auseinandersetzung um die Geschlechtsrolle ertasten, ohne von den Erwachsenen kommentiert oder abgelehnt zu werden (Oerter & Dreher, 2008 z.n. ebd. S. 164). In der Schule entsprechen die Raumangebote nicht der Isolation, sondern sind eher „ peeröffentlich". Für feste Freundschaften werden besondere Angebote benötigt, wie z.B. Kommunikations- oder Freundesräume, in dem von Anderen unbelauschte Gespräche stattfinden können, damit die Beziehungen in ihrer Intimität gestärkt werden können. Um einen Ausgleich zwischen Unterricht und außerunterrichtlichen Angeboten zu finden, benötigen die Jugendlichen Räume wie Enspannungs-, Rückzugs-, Ruhe- oder Wohlfühlräume. Um aber auch Kontakte aufzubauen sowie die Stärkung der Beziehungen, benötigen sie einen Computerraum mit Gesprächsmöglichkeiten sowie Räume mit Spiel- und Sportgeräten. (vgl. Schmalfeld 2012, S. 164-165)

4.2.4 Das Schulklima

Fend (1977) definiert das Schulklima als, *„was Schüler und Lehrer schaffen, wenn sie die für sich allein toten gesetzlichen und institutionellen Regeln ‚von Schule halten` durch lebendige Interaktionsformen des Lehrens und Lernens gestalten"* (Schmalfeld 2012, S. 166). Diese verschlüsselte Beschreibung deutet auf den offiziellen Bildungsbegriff. Laut Hissnauer (2010) sind diese Erfordernisse wie

Sicherheit vor Gewalt, ein Gemeinschaftsgefühl, Gleichbehandlung, gegenseitige Unterstützung und Respekt für ein gutes Schulklima sehr wichtig. Diese Merkmale bedingen sich gegenseitig. Die Handlung mit der Schulkultur ist ein wichtiger Punkt für eine qualitative Entwicklung von Schulen. Ein wichtiger Teil dieser Kultur ist auch die Leitung. Laut der Behörde für Schule und Berufsausbildung (2008) ist qualifizierter Leitungshandeln ein Instrument für die Schulqualität. Die Art und Weise, wie Schulleiter/innen Führung übernehmen, spielt für die Gestaltung der einzelnen Schulen eine große Rolle. In Ganztagsschulen haben sie die Aufgabe sich mit einem pädagogischen Konzept auseinanderzusetzen. Des Weiteren haben sie die Aufgabe allen Teilnehmenden, Partizipation zu ermöglichen, wie z.b. die Entwicklung von sozial-emotionalen Fähigkeiten. Hierbei sind Freiräume zu schaffen, welche der Entwicklungsnotwendigkeit der Jugendlichen entsprechen (vgl. Schmalfeld 2012, S. 167).

Oser und Althof (2001) entwickelten die „Gerechte Schulgemeinschaft", um die sozialen Fähigkeiten zu fördern und diese in die Schulkultur zu integrieren.

4.3 Eine Methode zur positiven Peerkultur

Unter Peerkultur ist eine Gruppe der Gleichaltrigen zu verstehen, die dazu befähigt werden sollen, ihre Alltagsprobleme und Konflikte, die Ängste, Sorgen und Nöte der Gruppenmitglieder zu erkennen, zu diskutieren und gegebenenfalls zu lösen. Hiermit erfahren die Jugendlichen Gemeinsamkeiten sowie auch Unterstützung von anderen Jugendlichen. Sie lernen zu helfen und wiederum Hilfe entgegenzunehmen, welches das Vertrauen in andere Menschen ermöglicht. Die Erzieher/in hat die Aufgabe eine verantwortungsvolle Mitbestimmung einzufordern und wichtige Hilfestellungen zu Verfügung zu stellen. Die Aufgaben der Erzieher/in sind nicht zu unterschätzen, da sie ein ernstes Vertrauen auf das Können der Jugendliche entwickeln müssen und Möglichkeiten erschaffen, in dem Jugendliche Verantwortung über ihr eigenes Leben und über die Menschen übernehmen können.

Positive Peerkultur stellt eine Grundlage auf vermehrter Teilhabe und auf unterstützter Selbstverantwortung der Kinder und Jugendlichen. Sie setzt das Vertrauen in die Fähigkeiten der Kinder und Jugendlichen voraus, ihr Leben aufrechtzuhalten (vgl. Opp, Teichmann 2008, S.16f).

4.4 Peergerechte Schule aus der Sicht der Schüler

Schmalfeld hat die Ergebnisse der Studie von Salisch u. a. (2010) in ihrer Dissertation vorgestellt. 427 Jugendliche aus drei Ganztags- und vier Halbtagsschulen zu Beginn des Schuljahres wurden dazu aufgefordert, Wünsche in Bezug auf eine peergerechte Schule zu formulieren (vgl. Schmalfeld, S. 70). Beispielweise im Bereich der Organisation der Schule wünschten sich die Jugendlichen (Ganztagschule: 43, Halbtagschule: 30) mehr Pausen, z. B. „zum Quatschen mit Freunden", auch um ihre Peerkontakte zu pflegen. In diesem Zusammenhang sind auch die Wünsche nach kürzeren Stunden (z. B. „weniger langer Unterricht würde für bessere Stimmung sorgen") sowie nach einem festen Klassenraum zu berücksichtigen: „man hat kaum Zeit, wenn man immer durch die Gänge zu den Klassenräumen rennt". Außerdem war in Ganztagsschulen häufiger der Wunsch nach mehr Freiheiten zu finden, z. B. in der Klasse „sitzen wie wir wollen" (25mal, in Halbtagsschulen 14mal). Der Bereich der Freizeitaktivitäten (z. B. Projekttage, Wunschwoche, Arbeitsgemeinschaften, Klassenfahrten, Wandertage) mit in etwa gleich vielen Wünschen in Ganztags- schulen (19) und Halbtagsschulen (20) und geringen Varianzen in den Nennungshäufigkeiten der Geschlechter (Mädchen: 22, Jungen: 17) bietet den Jugendlichen ein breites Spektrum, mit ihren Mitschüler/innen in Kontakt zu treten, um ungestört Peerkontakte auszubauen. Geschlechtsspezifische Unterschiede in der Nennungshäufigkeit der Wünsche für die Kategorie Meine Schule/Organisation lassen sich wie folgt beschreiben: Mädchen bemängelten häufiger (124 Wünsche im Gegensatz zu 99 bei den Jungen) (vgl. Schmalfeld, S. 75-76).

5. Peer-Kultur: Bedeutung für die Schule

Zusammenfassend lässt sich feststellen, dass die Peergruppen in der Schule großes „Peer-Kapital" haben. Und vorhandene "Peer-Kapital" muss nicht ignoriert werden. In dem 14. KJ Bericht (2013) wird den Gleichaltrigengruppen ein beachtlicher Stellenwert eingeräumt. "Sozialisation in eigener Regie", "Selbstsozialisation" und "Entwicklungshelfer" in eigenen Angelegenheiten sind der Jugendforschung entnommene Kurzbeschreibungen zur Kennzeichnung von Motiven und Funktionen der Peer-Kultur (vgl. 14. KJB, 2013, S. 176). Motive sind Krisenbewältigung, Unterstützung und Anerkennung, Freundschaft und Geselligkeit, individuelle Vorlieben und Interessen. Es entsteht ein sich von der Herkunftsfamilie ablösendes eigenes Handlungsfeld - als Probebühne für neue Zugehörigkeiten und neue Rollen. Später können die Peer-Gruppen auch als Informations- und Beratungsbörsen dienen. Trotz entstehender Konflikte und Differenzen stellt sich die Peer-Kultur im Zeitverlauf als eine Phase der Identitätsbildung dar, begleitet von zunehmender Selbständigkeit. Die Sozialisationsprozesse können sich an dortigen Lern- und Bildungsanlässen orientieren, in denen Kompetenzerwerb und Selbstbildung der Jugendlichen stattfindet. Z.B., an Medienkompetenz und Internetnutzung.

5.1 Aufgaben der Schulsozialarbeit

Die Schulsozialarbeit kann die Unterstützung geben, die darin besteht, dass subjektive Bedürfnisse der Schülerinnen und Schüler zur Geltung gebracht werden. Sie kann Konfliktsituationen intervenieren, Entwicklungschancen nutzen (z. B. in der Förderung und Öffnung von Handlungsfeldern für Schüler, Eltern und Lehrende). Diese Orientierung beinhaltet auch eine kritische Position zur Schule.

Dort, wo die Unterstützung nicht hinreichend ist (z. B. in Gruppen und Klassen), stellt sie sich als Helferin bzw. Helfer dar. Weil diese Arbeit vielfältiger inner- und außerschulischer Kooperation bedarf, denn dies eine Aufgabe der Schule in ihrer Gesamtheit ist: Schülerschaft, Lehrerschaft, Elternschaft.

Ein weiterer Raum als Aufgabe der Schulsozialarbeit ist die Schule als Handlungs- und Spielraum. Dieser Raum soll mit Phantasie gestaltet werden. Gestaltung der Freizeitangebote, Schulkiosk oder Cafeteria machen den Schulalltag für Schülerinnen und Schüler erleb- und erfahrbar. Zu berücksichtigen ist die sinnliche Erfahrung des Schulalltages und dazu gehören Sehen, Hören, Schmecken, Riechen, Fühlen, auch Bewegen, Erkunden, Gestalten usw. In diesem Bereich sollte das schulische Umfeld bzw. der Stadtteil und die Gemeinde/Stadt mit einbezogen werden. In diesem Handlungsraum sind die Schulsozialarbeiterinnen und Schulsozialarbeiter Partner/innen und Anreger für die ganze Schulgemeinde (vgl. Hollenstein, Tillmann 1999, S. 111-112).

6. Fazit

Peerbeziehungen und insbesondere intime Freundschaften spielen eine gravierende Rolle bei der Bewältigung von Entwicklungsaufgaben in der frühen Adoleszenz. Zudem stellen die Auseinandersetzungen mit und die Veränderungen von Beziehungen zu in etwa Gleichaltrigen selbst Entwicklungsaufgaben dar. Auch wenn alle Peerbeziehungen einen Einfluss auf die Entwicklung von Jugendlichen haben, so kommt es zu den intimen Freundschaften doch eine besondere Bedeutung als „Entwicklungshelfer". Diese können unterstützend wirken, in dem sie beim Lösen dieser Aufgaben, wie z. B. der Ablösung vom Elternhaus, der Akzeptanz der körperlichen Veränderungen, der Auseinandersetzung um die Geschlechtsrolle. Eine große Rolle spielt intime Freundschaft bei der Identitätsbildung. Durch die weitläufige Unterstützung und Hilfe einer Gruppe der Gleichaltrigen kann nicht nur der Übergang zur Adoleszenz, sondern auch der Schulwechsel besser bewältigt werden (vgl. Schmalfeld 2012, S.32).

In der Kooperation von Gleichaltrigen bzw. Freunden bilden sich Grundstrukturen von Urteils- und Handlungsfähigkeiten, die unter Gesichtspunkten gelingender Sozialisation unerlässlich sind. Was kann in diesem Zusammenhang die Schule tun, um peergerecht zu sein, um die soziale Wirklichkeit – Lebenswelt der Schülerinnen und Schüler – im Schulalltag anzumelden und zu integrieren (vgl. Hollenstein E, Tillmann J. 1999, S.101-102)

Schulaktivitäten wie eine Ausstellung, ein Theaterstück, ein Schulfest u. a. sind Kulturveranstaltungen mit einem eigenem *behavior setting*. Auch die Räume der Schülervertretung, Billiardtische, Schulkiosk, Bewegungsräume usw. spielen eine große Rolle. Durch diese Aneignungsprozesse lernen Kinder und Jugendliche den Umgang mit einer Institution als einer spezifischen Umwelt, die zur Lebenswelt umgewidmet werden muss. Dies kann durch Selbstaktivität, Erlernen, Erfahren, Emotionen usw. ermöglicht werden (vgl. Hollenstein, Tillman 1999, S.108).

„Die Schule als Lebensraum ist auf die Vielfalt von Begegnungsmöglichkeiten angewiesen. Aktivitäten zur Gestaltung des Schullebens und die Einbeziehung von Eltern und außerschulischen Partnern sind dabei wichtig: Unterschiedliche gesellschaftliche und berufliche Rollen sollen in der Schule erlebbar sein. Geschlechtsspezifischen Rollenverständnissen sollte dabei besondere Aufmerksamkeit zukommen (Bildungskommission NRW, 1995, S.82 ff.) (ebd,. S.108).

Für eine peergerechte Schule ist eine annehmende und unterstützende Haltung gegenüber Freundschaftsbeziehungen erforderlich von der Bedeutung dieser Beziehungen für die Bewältigung der Entwicklungsaufgaben im Jugendalter sowie als Sozialisationsinstanz Kenntnis zu nehmen (Hollenstein, Nieslony 2013,S. 160).

Die Schulsozialarbeit kann dabei Unterstützung geben, behilflich sein und Handlungs- und Spielraum der Kinder mit Phantasie und Engagement gestalten.

Literaturverzeichnis

Bildungskommission NRW, 1995, S.82 ff. In: Hollenstein E., Tillmann J., Schulsozialarbeit: Studium, Praxis und konzeptionelle Entwicklungen, Blumhardt Verl., Hannover, 1999

Bundesministerium für Familie, Senioren, Frauen und Jugend, Hrsg., (2013): 14.Kinder- und Jugendbericht, Bonn: Eigenverlag.

Flammer, August; Françoise D. Alsaker: Entwicklungspsychologie der Adoleszenz, 2002, Hans Huber Verlag, Bern, Göttingen

Hollenstein, E./Nieslony, F. (2013): "Offensive Schulsozialarbeit" und moderne Bildung, in: neue praxis, 43. Jg., Heft 1/2013, S.38-51.

Kammerer, Bernd (Hrsg.) (2012): Zahlen, Daten, Fakten-Wissen und Wirkungen (in) der Kinder- und Jugendarbeit, EMWE- Verlag Nürnberg

Opp, Günther/Teichmann, Jana (2008): Positive Peerkultur-Best Practices in Deutschland, Verlag Julius Klinkhardt, S. 16f

Schmalfeld, Annegret: Peer-gerecht? – Ganztägig organisierte Schulformen und die Qualität von Freundschaften aus der Sicht Jugendlicher, Dissertation (2013).

Internetquellen:

Bedeutsame Entwicklung in der Adoleszenz, URL: http://arbeitsblaetter.stangl-taller.at/JUGENDALTER/Bedeutsame-Entwicklungen.shtml, 22.10.2014

16. Shell – Jugendstudie 2010, URL: http://www.shell.de/content/dam/shell-new/local/country/deu/downloads/pdf/youth-study-2010flyer.pdf, 20.10.2014

Lexikon Online für Psychologie und Pädagogik, URL: http://lexikon.stangl.eu/590/pubertaet/, 20.10.2014

Peer Group, URL: http://www.sign-lang.uni-hamburg.de/projekte/slex/seitendvd/konzepte/l53/l5319.htm, 20.10.2014

Stangl W., 2007. Online im Internet: http://arbeitsblaetter.stangl-taller.at/JUGENDALTER/Peergroup.shtml, 21.10.2014